ACHTUNG! (Haus)Frau

Der ultimative Ratgeber für Männer

AF211394

Autor:

Dave Loony

© Dave Loony, 2010

Herstellung und Verlag: Books on Demand GmbH, Norderstedt

ISBN 978-3-8391-4966-9

Vorwort

Auf (Haus)Frauen kann man(n) sich immer verlassen.
Sie sind ständig da, wenn man(n) sie nicht braucht.

Sie befreien den Mann von unnötigem Ballast, wie Selbstbewusstsein und Selbsterhaltungstrieb.

Sie lebt und er arbeitet.

Das aber eigentlich Schlimme an der ganzen Sache ist, dass die Werte und Ideale einer (Haus)Frau auf die Kinder übergehen.

Diese armen kleinen Wesen werden dann irgendwann geschlechtsreif, gehen hinaus in die große weite Welt und vermehren sich und ihre labile Psyche.

Es ist also nur noch eine Frage der Zeit, wann die Menschheit ein ungenießbarer großer Zellbrei wird.

Deswegen mein Appell an alle Männer:

Noch ist es nicht zu spät!
Männer, lest dieses Buch und empfehlt es unbedingt weiter!

Inhalt

Sprache

Sprachgefühl und Sprachmelodik sind der (Haus)Frau völlig fremd. In ihrem Gehirn tummeln sich zwar einige Gehirnzellen, doch sind diese hauptsächlich dafür reserviert, sich mit anderen (Haus)Frauen auf der Straße mittels Grunzlauten Belanglosigkeiten auszutauschen.

Aus ihrer Futterluke dringen Sätze, die keiner hören will, und dies in einer Lautstärke, bei der sich die Hörgerätehersteller die Hände reiben. Man(n) möchte ja gerne bei ihr auf Umsichtigkeit und Rücksicht hoffen, doch die sind so weit weg von ihr, wie der Mond von der Erde.

Wenn (Haus)Frauen Sprachlaute von sich geben, kann man(n) nicht ein Intelligenz-Feuerwerk erwarten. Heraus kommt dabei meistens ein gewaltiger Rohrkrepierer mit 100%iger Nerv-Garantie.

Strategie 1:
Sollten Sie unglücklicherweise Zeuge einer solchen Unterhaltung werden, und außerdem noch der Ehemann von einer dieser Kreaturen sein, täuschen Sie akuten Durchfall vor und laufen so schnell wie möglich nach Hause.

Wartezimmer

Man(n) ist beim Arzt und hat das Pech, im Wartezimmer sitzen zu müssen, wo sich noch andere Personen aufhalten. Pech deswegen, weil sich unter diesen Personen immer mindestens ein oder zwei (Haus)Frauen eingenistet haben.

Dieser Umstand wäre ja noch mit drei oder vier Valium irgendwie auszuhalten, aber es kommt, wie es kommen muss - nämlich viel schlimmer...

Es dauert max. 5 Minuten, bis sich der suchende Blick der einen (Haus)Frau mit einem fragenden Blick einer anderen (Haus)Frau kreuzt.

Dann geht alles rasend schnell und es dauert dann nur noch 2 Minuten, bis sich alle (Haus)Frauen untereinander duzen und alle Details über ihr Liebesleben und ihre Schwangerschaftsstreifen ausgetauscht haben.

Damit nicht genug. Die nächste Folter lässt nicht lange auf sich warten: (Haus)Frauen haben meistens ein, oder im schlimmsten Falle sogar zwei kreischende Bälger mit in ihrem Schlepptau.

Man(n) versucht verzweifelt, sich in Zeitschriften zu vergraben (i.d.R. Autozeitschriften, weil der Playboy nur selten in Wartezimmern zu finden ist) und wird urplötzlich von einem stechenden Schmerz heimgesucht.

Die linke Schläfe wurde soeben zertrümmert und die Trommelfelle gesprengt, die nur noch in Fetzen aus den Ohren hängen. Was, um Himmels Willen ist hier soeben passiert?

«LEEEOOONNN, lass die Bauklötze liegen. Ich hab Dir schon TAUSEND mal gesagt, dass Du vorher fragen sollst, bevor Du sie einem netten Herrn an den Kopf schmeißen darfst.»

Und dann kommt die Höchststrafe: Man(n) wirft einen flehenden Blick zur Arzthelferin, platziert charmant den Hinweis, dass man(n) wirklich ganz besonders krank ist, und wird dann doch nur mit der Gewissheit konfrontiert, dass man(n) erst in einer Stunde an die Reihe kommt…

Strategie 2:
Konzentrieren Sie sich nur noch auf eins: Machen Sie richtig Karriere, bis Sie die Platin-Privat-Patienten-Karte Ihr Eigen nennen können.

Suchen Sie dann nur noch Ärzte auf, die für besondere Patienten auch ein separates Wartezimmer haben, wo Sie sich allein mit einer kinderlosen Klassefrau über Ihren Job unterhalten können.

Putzfimmel

Die (Haus)Frau - als fleischgewordener Staubsauger - sucht mit ihrem eingebauten atomaren Schmutzpartikel-Sensor nach allem, was nicht die Farbe weiß hat.

Wenn man(n) nicht unverzüglich spurt, und dem Wollmaus-Massaker der (Haus)Frau beiwohnt, hat man(n) sofort verloren und der Tag kann als „roter Tag" abgehakt werden.

Strategie 3:
Machen Sie dort Schmutz, wo nicht der Fernseher steht, denn nur so kriegen Sie wenigstens noch bruchstückhaft einige Szenen der Sportschau oder Ihres Lieblingsfilmes mit.

Supermarkt

Wenn in einem Supermarkt-Gang Platz für genau zwei Einkaufswagen ist, parken die gemeinen (Haus)Frauen ihre Wagen grundsätzlich nebeneinander.

Sollte so ein Doppel-Parkplatz bereits vergeben sein, so versuchen sie ihr Gefährt hintereinander, übereinander oder untereinander zu positionieren. Hauptsache, sie knüpft Kontakte und erreicht die Lebensmittel bequem und ohne zusätzlichen Aufwand.

Das Ergebnis: Man(n) kann nie den direkten Weg zu den Konsumgütern seiner Wahl nehmen. Wenn man(n) einen Supermarkt betritt, muss man(n) sich darauf einstellen, mindestens das Doppelte an Wegstrecke zurückzulegen, als eigentlich notwendig.

<u>Strategie 4:</u>

Wenn wieder einmal (Haus)Frauen sich zusammenrotten und die Supermarkt-Gänge mit ihren Karren voller Windeln und Tampons verstopfen und sich darüber unterhalten, wer denn nun die größeren Menstruationsbeschwerden hat, hilft nur eins:

Erhöhen Sie die Lautstärke Ihres MP3-Players, in der Hoffnung, dass (Haus)Frauen-Gespräche nicht an Ihre Ohren dringen können. Danach nehmen Sie einen riesigen Umweg in Kauf und hoffen inständig, dass die Schlange an der Kasse nicht so lang ist.

Wenn man(n) sich dann zu fortgeschrittener Stunde einer Kasse nähert, stellt man(n) sich zwangsläufig die Frage: «Wie schaffe ich es jetzt, jene Schlange zu wählen, bei der man(n) am schnellsten voran kommt?»

Die größten Hindernisse, die sich hier mit ihrem genetisch bedingten Tunnelblick in den Weg stellen, sind - welch Überraschung - wieder einmal die milch-produzierenden Östrogen-Monster.

Der beschränkte Intelligenz-Quotient dieser Spezies stößt spätestens beim Bezahlen an seine Grenzen. Mit einer stumpfsinnigen Gelassenheit, versucht die (Haus)Frau ihr Kleingeld loszuwerden. Zeit spielt hier keine Rolle, denn sie hat ja genug davon.

Wenn dann endlich dieses absurde Theater beendet ist, überlegt sie sich, ob Sie nicht doch noch ein, zwei, oder vielleicht sogar doch drei Kleinigkeiten für ihre kreischenden Fleischklumpen kauft, die sich seit 5 Minuten an ihre Beine geklammert haben.

Strategie 5:

Lassen Sie sich nie von der Länge einer Schlange und \ oder von prall gefüllten Einkaufswagen beeinflussen. Das einzige, was zählt, ist die Anzahl von (Haus)Frauen vor Ihnen.

Hier die ultimative Formel zur Errechnung der Wartezeit:

- Zählen Sie die Anzahl der Personen vor Ihnen und multiplizieren Sie diese mit 2 Minuten
- Addieren Sie pro (Haus)Frau - zu erkennen an den ungepflegten Haaren, Schlabberlook und mindestens einer plärrendem Göre im Schlepptau - 3 Minuten hinzu
- Pro (Haus)Frau, bei der sich ein Braten in der Röhre bereits abzeichnet, addieren Sie nochmals 4 Minuten hinzu
- Und zum Schluss addieren Sie pro (Haus)Frau noch 1 Minute Kleingeld-Abzählen hinzu

Frauenfilme

Frauenfilme - insbesondere die, bei denen eine (Haus)Frau auch als Regisseur mitgewirkt hat -, haben alle das gleiche Strickmuster. Hat man(n) einen gesehen, kennt man(n) sie alle.

Sie langweilen und sind oberflächlich. Es geht immer um Liebe, Leidenschaft, Heirat und Familie. Und am Schluss kommt immer die gleiche Lüge: (Haus)Frauen sind die besseren Menschen.

Womit hat man(n) das nur verdient?

Strategie 6:
Wenn Ihre (Haus)Frau wieder so einen Stumpfsinn sehen will, gehen Sie wie Folgt vor:

Schauen Sie wenigstens einmal im Monat in Richtung dieser flimmernden Geistes-Diarrhö. Schalten Sie dabei einfach völlig ab und träumen mit offenen Augen. Man(n) gewöhnt sich nach ein paar Minuten daran.

Wenn Sie dann auch noch zwei Flaschen Bier in 2 Minuten trinken, lässt der Leidensdruck spätestens nach 15 Minuten deutlich nach und das Ganze tut dann auch nicht mehr ganz so weh.

Außerdem hat dieser brillante Schachzug einen großen Vorteil: Sie haben sich einen Bonus erarbeitet, den Sie wahlweise eintauschen können gegen:

Eine Nacht ohne Sex oder einen Samstag ohne Shopping.

Egal, wofür Sie sich dann entscheiden: Ihre Lebensqualität erhöht sich auf jeden Fall dramatisch.

Besinnlichkeit

Unmittelbar nach einem gemütlichen Beisammensein mit Freunden (die Haustür fällt gerade nach der Verabschiedung ins Schloss) nimmt der Wahnsinn seinen Lauf.

Das rudimentäre Gehirn der (Haus)Frau fängt nun an zu arbeiten. Staubkörner und ungereinigte Gläser starren sie an. Das Kleinhirn (der größte Teil ihres Gehirns) sendet unverzüglich die ersten Signale an die kleinen Hände und die großen Füße.

Mit einem Hechtsprung stürzt sie sich in den Hauswirtschaftsraum, streift sich die gelben Gummihandschuhe über und umklammert instinktiv mit der linken Hand den Besenstiel und mit der Rechten die Spülbürste.

Danach wird allen Gegenständen, die eine unkorrekte Position eingenommen haben und deren Oberfläche nicht strahlend glänzt, der Kampf angesagt.

Mit weit geöffneten Augen und verzerrter Fratze stürzt sie sich auf alles, was in ihr Beute-Schema passt.

Der Mann hingegen versucht verzweifelt, den Moment der Sättigung und Zufriedenheit zu genießen. Nur noch ein letztes Mal am Rotweinglas nippen und glücklich in den Nachthimmel schauen. Das ist sein einziger Wunsch des bis vor Kurzem noch so harmonischen Abends.

Aber, wie auch all seine bescheidenen Wünsche zuvor, geht auch dieser nicht in Erfüllung.

<u>Strategie 7:</u>
Suchen Sie zunächst Kontakt zu Ihrem Haustier (wenn nicht vorhanden, zu einem Ihrer Silberfische).

Jedes Tier weiß ganz genau, was die Worte „Carpe diem" bedeuten und spendet Ihnen wenigsten eins: Trost.

Danach gehen Sie zum Sicherungskasten und schalten alle Sicherungen aus, die mit Lichtquellen zu tun haben. Danach schleichen Sie sich mit Ihrer Taschenlampe in den Keller und harren dort ungefähr 5 Minuten aus.

Sobald Sie einen Aufschrei, ein Poltern und einen lauten dumpfen Aufprall hören, gehen Sie wieder zurück zum Sicherungskasten, schalten alle Sicherungen wieder ein und gehen dann beruhigt und zufrieden zu Bett.

Geld

Komischerweise denkt jede (Haus)Frau, dass der Mann an ihrer Seite so richtig gut verdient. Das belegt zumindest der Berg an Schuh-Quittungen, der von Monat zu Monat unaufhaltsam wächst.

Außerdem ist sie der Überzeugung, dass, wenn sie sich im sicheren Fahrwasser des Lebens dahin treiben lassen kann und sich dem süßen Nichtstun widmet, auch automatisch einen Anspruch auf ein anständiges Taschengeld hat.

<u>Strategie 8:</u>
Tun Sie so, als würden Sie nicht so viel verdienen und hauen Sie Ihr sauer verdientes Geld mit Ihren Kumpels auf den Kopf.

Wenn die (Haus)Frau Kontoauszüge sehen will, veranlassen Sie bei Ihrem Arbeitgeber, dass nur ein Teil Ihres Gehaltes auf das ihr bekannte Konto überwiesen wird. Der andere Teil (natürlich der größere) geht auf ein „Geheim-Konto"!

Erste Hilfe

Stellen Sie sich vor, einer (Haus)Frau geht beim Putzen die Puste aus. Ein für den Mann sehr selten zu beobachtendes Schauspiel. Kommt aber laut Statistik in 200 (Haus)Frauen-Leben einmal vor.

Wenn dieses Ereignis also völlig unerwartet eintritt und die (Haus)Frau mit einem japsenden Geräusch und einem grollenden Grunzen zu Boden sinkt, hat für den Mann die Stunde der Wahrheit geschlagen.

Nutzt er die einmalige Chance und versucht, es wie einen Unfall aussehen zu lassen, oder folgt er seinem schlechten Gewissen und kramt in seinen Erinnerungen an den letzten Erste-Hilfe-Kurs, der 25 Jahre zurückliegt.

Strategie 9:

Man(n) sollte an den letzten Erste-Hilfe-Kurs denken und zunächst versuchen, sie in die stabile Seitenlage zu hieven. Dies wird wahrscheinlich jedoch nicht gelingen, denn nur in der Theorie kann man(n) Berge versetzen.

Die zweite Alternative ist die gute alte Herzmassage. Dies geht aber nur, wenn Sie die Rippen abzählen bzw. ertasten können. Das allerdings wird ein schwieriges Unterfangen, weil zwischen

Rippen und Haut immer noch ein undefinierter Fettbrei wabert, der dafür sorgt, dass die Finger immer wieder abrutschen.

Die dritte und beste Alternative: Lassen Sie die Fachmänner ran und rufen Sie den Notarzt und einen Kranführer inklusive Kran.

Sex

Während die Wohnungen und Häuser von (Haus)Frauen immer klinisch rein sind, sind ihre Phantasien genau das Gegenteil: Schmutzig, schmutziger, am schmutzigsten.

Die neuesten wissenschaftliche Studien belegen eindeutig, dass (Haus)Frauen mindestens zwei Sorten von Dildos in ihrer Nachttischschublade aufbewahren.

(Haus)Frauen lechzen nach knackigen Strippern, gehen auf Dessous-Parties und zweckentfremden gerne mal die Salatgurke.

Auch wenn es schwer fällt: Hin und wieder muss man(n) leider auch mal ran. Streng genommen hat man(n) auch gar keine andere Wahl. Anwälte die diese ehelichen Pflichten einfordern können, gibt es genug.

Also - entweder man(n) tut es, oder es folgt eine Scheidung, die einem so richtig teuer zu stehen kommt!

Wenn der Akt also nun - erzwungener maßen - vollzogen werden muss, wird man(n) immer wieder mit folgender Schwierigkeit konfrontiert: Wie finde ich die richtige Falte in dem Meer von Fettkratern?

Fast aussichtslos... Das ist so, als würde man(n) eine Stecknadel im Heuhaufen suchen.

Sollte man(n) nach diversen Stocherversuchen diese „Stecknadel" dann aber doch noch per Zufall gefunden haben, ist die Vereinigung so, als würde man(n) eine Salami in einen Flur schmeißen.

Eine schier unendliche dunkle Weite und Tiefe...

Strategie 10:
Wenn die Salami nicht verschollen ist, ordern Sie diese nach getaner Arbeit wieder zurück zur Basisstation.

Danach lächeln Sie die (Haus)Frau mit verdrehten Augen an und tun einfach so, als wüssten Sie nicht, dass sie den Orgasmus nur vorgespielt hat.

Emanzipation

(Haus)Frauen glauben immer noch, Männer domestizieren zu können, indem sie ihnen beibringen, sich beim Pinkeln aufs Klo zu setzen und einmal in der Woche den Müll rauszubringen.

Wie gut, dass es diese Emanzen gibt, denn sie fischen die schwächsten der schwachen Geschöpfe aus dem riesigen Meer von richtigen Männern raus.

So bleibt Platz für ganze Kerle, die sich frei entfalten können.

<u>Strategie 11</u>:
Es lebe die Emanzipation!

Einmal im Jahr sollten Sie allerdings eine Gedenkminute für die „auf der Strecke gebliebenen" einlegen.

Multitasking

(Haus)Frauen prahlen immer gerne damit, dass sie viele Dinge gleichzeitig machen können.

Die neuesten empirischen Untersuchungen belegen allerdings, dass (Haus)Frauen in der Tat viele Dinge parallel machen, dafür aber keine richtig.

Strategie 12:

Lassen Sie sie einfach in dem Glauben, denn sonst müssten Sie ja manche Dinge selber machen.

Tunnelblick

Die (Haus)Frau ignoriert ihr Umfeld völlig. Mütter brüllen lauthals nach ihren weggelaufenen Zellklumpen, reden über Verdauungsprobleme, diskutieren über Frauenärzte, Zellulitis und ihre letzten gescheiterten Diäten. Sie keifen, kichern und schwafeln.

Dumm nur, dass dies immer im Bus, in der Bahn oder im Theater passiert.
Orte, wo man(n) leider nicht so schnell weglaufen kann.....

Strategie 13:
Da hilft nur eins: Sie müssen sich in diesem Falle leider Ihrem Schicksal ergeben.

Richten Sie sich auf eine sofort eintretende Epilepsie ein und schließen mit Ihrem Leben ab.

Der Vorteil:
Der Notarztwagen wird Sie in Windeseile in die nächste Klinik fahren, wo Sie sich dann wieder ein paar Tage von dem Anfall erholen können. Eine anschließende zweiwöchige Kur (inklusive Schatten) ist - mit etwas Glück - im Gesamtpaket mit enthalten.

WC

Man(n) sitzt auf dem Thron und möchte sich in Ruhe seiner vor 8 Stunden gegessenen Currywurst entledigen.

Genau in diesem Moment sucht sich die (Haus)Frau einen Ort, wo sie sich einfach gerne aufhält. Dumm nur, dass sich dieser Ort in 99% der Fälle direkt vor eben dieser Klotür befindet.

Es gibt für sie gute Gründe, dort zu verweilen. Das Ersinnen von neuen Putzabenteuern, oder einfach nur, um nah bei ihrem Liebsten zu sein, um jedes kleinste Geräusch aufmerksam zu registrieren und sich anschließend nach dem Gesundheitszustand zu erkundigen.

Strategie 14:
Kaufen Sie 10 Robbie Williams CDs und legen Sie diese neben die HiFi-Anlage, welche sich im Bügelkeller befindet.

Schieben Sie dann - kurz bevor Sie aufs Klo gehen - eine CD ein und drücken die Taste „Play".

Ergebnis:
Die Göttergattin bleibt für mindestens eine Stunde dort, wo sie hingehört und Sie können in Ruhe thronen.

Sollte das Wesen mit wenig Hirn einmal selbst auf der Keramik-Schüssel hocken, wird so laut und hemmungslos gestrullert, dass man(n) denkt, im Fernsehen eine Dokumentation über die Niagarafälle zu sehen.

Und überhaupt: Was ist das Allein-Strullern doch langweilig. Ob beim Schoppen, im Restaurant oder auf dem Campingplatz: Die (Haus)Frau von Welt sucht sich immer Mit-Struller.

Es gibt nichts Schöneres, als gemeinsam aufs Klo zu gehen und sich an dem strammen Nachbars-Strahl zu erfreuen und diesen später gemeinsam zu analysieren.

Lassen Sie Ihnen die Freude!

Filmabend

Hin und wieder wünscht man(n) sich trotz fortschreitender Entfremdung doch mal einen gemeinsamen Filmabend.

Wenn sie sich dann auch noch dazu durchringt, statt eines Frauenfilms einen anspruchsvollen Film zu sehen, könnte man(n) meinen, dass die Operation „Wünsch Dir Was" ein voller Erfolg wird.

Doch weit gefehlt.

Während er aufmerksam den Film verfolgt, blättert die (Haus)Frau in Frauenzeitschriften, lackiert sich die Fußnägel und raschelt mit der Gummibärchen-Tüte.

Wenn der Spannungsbogen des Filmes seinen Höhepunkt erreicht hat, gibt es zwei Ereignis-Varianten:

Die Schwiegermutter ruft an und erzählt, was für einen tollen Frauenfilm sie gerade im Fernsehen sieht, oder die (Haus)Frau springt auf, platziert ihren Allerwertesten direkt vor der Bildröhre und räumt mit vorwurfsvollen Blicken geräuschvoll den Tisch ab.

Strategie 15:

Warten Sie auf die nächste Werbepause. Nur dann können Sie sicher sein, dass die (Haus)Frau ruhig und glücklich auf die Flimmerkiste starrt und plötzlich auch versteht, was sie da gerade sieht.

Wenn Sie Glück haben, verfällt sie nach der Werbepause noch 15 Minuten in eine Starre. Zeit, die die (Haus)Frau braucht, um das gerade Gesehene zu verarbeiten und ihre nächste Shopping-Tour danach auszurichten.

Sie können also darauf hoffen, wenigstens ein paar Minuten nach jeder Werbepause Ihren Film in Ruhe genießen zu können.

Mehr kann man(n) nicht erwarten!

Blitzschlag

Man(n) kommt nach Hause, grübelt noch über strategische Marketingkonzepte, die man(n) den ganzen Tag im Büro erstellt hat, denkt an die morgige sehr wichtige Präsentation, ist gerade dabei, sich umzuziehen und dann kommt er:

Der Blitzschlag, verbunden mit einem kurzen Herzstillstand.

Was ist geschehen?

Das arbeitsscheue (Haus)Frauen-Wesen katapultiert den armen Arbeiter mit einem schrillen Gekreische wieder zurück in die naive weibliche Weichspüler-Welt.

Folgender einstudierte Satz dröhnt mit einem ohrenbetäubenden Lärm aus ihrer Kopföffnung: «Zieh gefälligst die Schuhe aus, bevor Du rein kommst....!»

Strategie 16:
Machen Sie es wie die Japaner. Gehen Sie nach Ihrem Job direkt in die Kneipe, diskutieren mit Gleichgesinnten über Ihr Tageswerk, lassen sich für Ihren beruflichen Erfolg loben und gehen dann tief in der Nacht schweren Herzens nach Hause.

Schlaf ade…

Stelle man(n) sich vor, man(n) sitzt nach einem 12-stündigen Arbeitstag auf dem Sofa, schnappt sich ein Glas Rotwein und fängt an, in einem guten Buch zu lesen.

Es dauert nicht lange und es kommt, wie es kommen muss.

Es schließen sich nach kurzer Zeit die Augen des Mannes und man(n) schlummert nach und nach auf dem Sofa ein. Der geneigte Leser würde zurecht annehmen, dass man(n) müde ist und vor der Pforte einer süßen Traumwelt steht. Eine Welt, wo sie ihn liebevoll zudeckt und ihm ein Küsschen auf die Wange drückt. Langsam öffnet sich also nun die Pforte und…

…Dooonnner !! Schepper !! Krawuuuum !!

Es kommt alles ganz anders…
Die Pforte knallt mit ohrenbetäubendem Lärm zu. Der Oberkörper des Mannes katapultiert sich in Bruchteilen einer Sekunde in die senkrechte Position. Die Augen versuchen sperrangelweit geöffnet sich krampfhaft zu orientieren. Der Puls rast und das Herz setzt kurz aus.

Was ist passiert?

Der gemeinen (Haus)Frau ist es nicht entgangen, dass der Man(n) sich ohne Voranmeldung „verabschiedet" hat.

Soll sie etwa den Tisch alleine abräumen?
Was fällt ihm ein, sich so davonzustehlen?

Ihr Verstand (Kosename „Vakuum") fängt an zu arbeiten. Ihre Lippen spitzen sich und ihre Augen feuern giftige Pfeile in Richtung Ignoranten.

Die (Haus)Frau setzt sich langsam in Bewegung und kommt ins Rollen. Sie manövriert ihren prallen Körper in den Keller, sucht und findet den gut gefüllten Werkzeugkasten.

Dann geht sie damit schnurstracks wieder zurück ins Wohnzimmer und positioniert sich schließlich vor dem süß säuselnden Engel im Mannesgewand. Ihr teuflischer Plan ist geschmiedet und steht nun kurz vor der Ausführung.

Hämisch grinsend öffnet sie den Deckel des Werkzeugkastens, streckt ihre Arme weit nach oben (um noch mal Höhe zu gewinnen), neigt den Kasten nach unten und lässt dann schlussendlich das geschehen, was der Physikstudent Gravitation nennt…

Hammer, Schraubenzieher, Zollstock, Nägel und Schrauben suchen sich ihren Weg nach unten. Nach und nach treffen diese Gegenstände dann auf die neue Fliesen-Oberfläche.

Noch einmal hoch geschleudert, schlagen sie ein zweites mal auf, bis sie dann nach ein paar Sekunden ihre endgültige Parkposition auf dem zersplitterten Untergrund erreicht haben.

Kurz darauf befindet man(n) sich also nun auf dem Sofa in der besagten aufrechten Schock-Position. Bevor das Gehirn registrieren kann, was soeben geschehen ist, hört man(n) auch schon die Stimme der Liebsten.

Zunächst noch weit weg, kommt diese mit gefühlter Schallgeschwindigkeit in Richtung Trommelfelle. Diese Felle geraten sofort so stark in Schwingung, dass sie aus den Ohren herausspringen und anfangen zu flattern, wie eine Deutschlandfahne bei Windstärke 12.

In einer Lautstärke, die in Dezibel nicht mehr zu messen ist, bekommt man(n) nun folgendes zu hören:

«Soll ich etwa den Tisch alleine abräumen? Entweder, wir verbringen den Abend gemeinsam, oder ich geh jetzt sofort ins Bett.»

Schnaubend vor Wut gerät die (Haus)Frau danach richtig in Fahrt. Erstaunlich, wie die paar Gehirnzellen ihren Körper gezielt zu den Stellen manövrieren können, wo sich Gegenstände befinden, die nach geschickter Wurfbewegung einen optimalen Geräuschpegel entfalten.

Der Abend ist gelaufen....

Man(n) ist nun richtig wach. Starr vor Angst, wieder einzuschlafen, wird er die ganze Nacht bestimmt kein Auge mehr zumachen können.

Sie hingegen hat ihr Ziel erreicht. Nachdem sie sich abreagiert hat, wird sie sich in Kürze ins Bett begeben und mindestens 10 Stunden in den nächsten Tag hineinschnarchen, der - wie immer - geprägt sein wird vom süßen Nichtstun.

<u>Strategie 17:</u>

Wenn Sie nicht in einen Wachkoma fallen möchten, aus dem Sie ein Jahr nicht mehr herauskommen, empfiehlt es sich, die ohnehin wertlosen - weil völlig ausgeleierten - Trommelfelle entfernen zu lassen.

Außerdem sollten Sie, bevor Sie anfangen ein Buch zu lesen, der (Haus)Frau KO-Tropfen ins Baileys-Glas kippen.

Telefon

Das schier unerschöpfliche Mitteilungsbedürfnis einer (Haus)Frau wird durch die Erfindung des Telefons bzw. Handys halbwegs befriedigt.

Wenn Graham Bell dies zu Lebzeiten geahnt hätte, würde seine Erfindung allerdings nicht beim Patentamt liegen, sondern er hätte sie mit ins Grab genommen.

<u>Strategie 18:</u>
Versenken Sie das Handy der (Haus)Frau im Klo, so dass sie nur noch auf das gewöhnliche Telefon zurückgreifen kann.

Dadurch schont man(n) die Umwelt, da die inhaltslosen Schallwellen wenigstens in den eigenen vier Wänden bleiben und nur noch durch die Telefonleitung in die Außenwelt dringen können.

Unbeteiligte und unbescholtene Mitbürger kommen so glücklicherweise nicht zu Schaden.

Nur einer ist immer der Dumme - nämlich der Mann, der sich irgendwo in der Nähe des Schall-Gewitters aufhält.

Aber auch hier gibt es einen Ausweg:

Machen Sie das Beste daraus, denn der Herrgott hat Ihnen soeben einen Nachmittag für sich ganz allein beschert. Gehen Sie in die Garage und basteln weiter an der Schall-Rückwerf-Anlage.

Sollte diese Anlage nach Fertigstellung allerdings nicht richtig funktionieren, bleibt Ihnen nur eins:

Überlegen Sie sich, welchen Zweit- und Dritt-Job Sie noch annehmen können, um die Telefonrechnung zu bezahlen.

Auto

Wie wir alle wissen, ist das von einem Mann erfundene Auto der Feind einer jeden (Haus)Frau.

Sie kämpft täglich mit diesem Wunderwerk der Technik und versucht immer wieder krampfhaft, alle physikalischen Gesetze außer Kraft zu setzen.

Strategie 19:
Sollte vor Ihnen ein Mini-Van fahren und womöglich noch der Aufkleber „Baby an Bord" zu sehen sein, versuchen Sie alles, damit diese rollende Barriere nur noch als kleiner Punkt in Ihrem Rückspiegel zu sehen ist.

Warten Sie am Besten bis zur nächsten roten Ampel.

Sobald die (Haus)Frau in Ihrer Handtasche rumwühlt, ihren Lippenstift herauskramt, ihre Lippen spitzt und diese dann mit einem saublöden Gesichtsausdruck anmalt, haben die Ampelfarben Rot, Gelb und Grün keine Bedeutung mehr für sie.

Betätigen Sie spätestens 5 Sekunden, nachdem die Ampel Grün zeigt, dreimal lang und dreimal kurz Ihre Hupe.

Verstärkt wird der Effekt, wenn Sie Ihr Auto mit einem Nebelhorn ausstatten, welches lauter ist, als das der Queen Mary II.

Damit ist sichergestellt, dass dem gebärfreudigen Organismus vor Ihnen der Lippenstift abrutscht und sich in eines der Nüsternlöcher bohrt.

Nach dem Schmerzensschrei folgt bestimmt der Tritt aufs Gaspedal, da dies bei (Haus)Frauen ein Automatismus ist, der sich immer in einer Paniksituation im Straßenverkehr einstellt.

Der fehlende Orientierungssinn sorgt dann auch noch automatisch dafür, dass die Strecke vor Ihnen plötzlich wieder frei ist.

Übrigens: Derartige Nebelhörner findet man(n) in jedem gut sortierten Baumarkt.

Dickschiff

Man(n) ist immer bescheiden und wünscht sich eigentlich in seinem Leben nicht viel.

Man(n) träumt lediglich davon, neben einem rassigen Sportwagen ein eigenes Haus zu besitzen, zentral und ruhig gelegen mit einem schönen Garten.

Wenn man(n) sein ganzes Leben lang hart für die Erfüllung dieses Traumes gearbeitet hat und dieser dann tatsächlich auch irgendwann wahr wird, glaubt man(n), nun in seinem Lebenshafen angekommen zu sein.

Doch genau in diesem Hafen, egal, wo er sich auf dieser Welt befindet, liegt immer irgendwo ein abgetakeltes Dickschiff vor Anker.

Der Leser wird erstaunt sein, zu erfahren, dass es sich bei diesem Schiff nicht um die (Haus)Frau an seiner Seite handelt.

Nein: Diesmal ist es die Nachbarin!

Als (Haus)Frau ist natürlich auch sie den ganzen Tag zu Hause, führt ihren Hund und den ihrer besten Freundin spazieren, keift, zetert, maßregelt ihren Mann und tyrannisiert ihre Kinder nach Strich und Faden.

Und richtig zur Sache geht es natürlich erst dann, wenn man(n) sich gerade nach getaner Arbeit in seinem schönen Garten zur Ruhe betten will.

«BEEELLAAA», dröhnt das Dickschiff vom Nachbargrundstück immer wieder aus allen Körperöffnungen, «kommst Du wohl her!» Dann folgt ein schriller Pfiff, gepresst aus aufgeblähten Fettlappen.

Doch wer nicht kommt, ist der Hund, nach dem sie gerufen hat.

BELLA ist nämlich gerade dabei, sich in Nachbars Kind zu verbeißen. Der zarte Oberschenkelknochen blitzt bereits weiß aus einem zerfetzten Fleischloch.

Das stumpfsinnige, fette und träge Dickschiff registriert allerdings kein menschliches Wimmern, sondern nur das Stöhnen des Hundes, der untrainiert derlei Anstrengungen nicht gewohnt ist.

BELLA ist ein verzogener Vierbeiner, der nur eins kann: Kläffen, kläffen, kläffen und Menschenkinder anfallen.

Was besonders auffällt, ist die Ähnlichkeit des Floh-Wirtes mit seinem Frauchen. (Haus)Frauen neigen komischerweise immer dazu, sich Hunde anzuschaffen, die ihnen frappierend ähneln. Kein schwieriges Unterfangen, denn die Töle muss einfach nur hässlich, gehirnlos und schwer erziehbar sein.

«BEEELLAAA nun komm schon her!»
Die Stimme des Dickschiffs wird noch schriller und überschlägt sich mehrfach.

Doch BELLA kommt nicht, BELLA beißt lieber.

Das Dickschiff überlegt sich nun, wie Sie es endlich schafft, die Aufmerksamkeit des missratenen Vierbeiners auf sich zu lenken, ohne sich dabei selbst bewegen zu müssen.

Was folgt, ist ein beherzter Wurf mit einem schweißnassen, bestialisch stinkenden Gegenstand. Der aufmerksame Leser wird sich fragen, was das wohl für ein Gegenstand sein kann, der diesen Kriterien entspricht.

Die Antwort ist ganz einfach.

Das Dickschiff bückt sich und greift nach ihrem Pantoffel. Sollte unglücklicherweise ein Außenstehender diesen Bückvorgang beobachten, wird ihn ein in dieser Dimension noch nie dagewesener Brechreiz heimsuchen.

Wenn nun der Pantoffel in die Klauen des Monsters gelangt ist, wird er in hohem Bogen - getreu dem Gesetz „Masse mal Beschleunigung" - in Richtung BELLA katapultiert, begleitet von dem immer wiederkehrenden Schlachtruf «BEEELLAAA, kommst Du wohl her!»

Der schwabbelnde Oberarm des Dickschiffs schwingt aufgrund dieser körperlichen Höchstanstrengung noch einige Minuten nach.

Das Ende der Geschichte:

Der Pantoffel landet nicht bei BELLA, sondern zerschellt an dem Kopf des Nachbarn. BELLA hat das Kind erfolgreich zerlegt und das Dickschiff manövriert sich zurück auf ihre Liege, wo die Bild-Zeitung bereits auf sie wartet.

Strategie 20:

Schleimen Sie sich beim Hund ein, indem Sie ihm das ein oder andere Leckerli unbeobachtet über den Zaun werfen.

Mit der Zeit wird der bellende Satan irgendwann zutraulich. Locken Sie ihn dann eines Tages mit einem besonders großen Leckerli auf ihr Grundstück. Dann halten Sie die Schnauze des Köters zu und stecken ihm eine große Rakete (übrig geblieben vom letzten Silvester) in den Arsch.

Danach warten Sie auf das altbekannte Kommando der Nachbarin - was bestimmt nicht lange auf sich warten lässt:

«BEEELLAAA, kommst Du wohl her!»

Voller Vorfreude nehmen Sie nun Ihr Feuerzeug, zünden die Rakete an und lassen den Hund los.

Sie glauben nicht, wie schnell Frauchen und Hundchen sich verdutzt in den Armen liegen…!

Zukunft

Eine Frage stellen sich irgendwann alle Männer, die mit dem altmodischen Gedanken spielen, zu heiraten.

Und diese Frage lautet:

Wie sieht meine (Haus)Frau denn eigentlich so in 10 Jahren aus?

Strategie 21:

Sprechen Sie einfach einen wildfremden Man(n) auf der Straße an, der diese Frage sofort beantworten kann.

Wie man(n) diesen Mann erkennt?

Ganz einfach: Diese Spezies geht stets in gebückter Haltung. Die Augen sind blutunterlaufen, mit dunklen Augenringen bis zu den Knien und die Haare sind strohig und weiß.

Seine Antwort wird höchstwahrscheinlich so ausfallen:

«Stellen Sie sich die Mutter Ihres lästigen fleischigen Parasiten vor und kreuzen Sie diese in Gedanken mit dem Michelin-Männchen.»

«Dann nehmen Sie das jetzige Gewicht ihrer Auserwählten und addieren 1/3 dazu.»

Fertig ist die Kreatur ohne Charakter, dafür aber mit Selbstbewusstsein und einer ausgeprägten Beinmuskulatur.

Sonnenseite und Schattenseite

Das Leben hat zwei Seiten. Die eine ist von der Sonne beschienen und die andere ist in einen tiefschwarzen Schatten getaucht.

Es ist nicht schwer zu erraten, wer sich in der Sonne aalt und wer frierend im Schatten dahinvegetiert, weil er sein letztes Hemd gegeben hat.

Die Sonnenstrahlen haben alle Hände voll zu tun, um einen voluminösen Körper aufzuwärmen, der sich genüsslich räkelt, hin und wieder einen fahren lässt und jauchzt, wenn sich die Poren leicht öffnen und ein süß-saurer Duft die Luft schwängert.

Und dieses süß-saure Aroma ist weiß Gott nicht mit dem Duft vergleichbar, der aus einem chinesischen Restaurant kommt, sondern eher mit dem Duft, der aus einer drittklassigen Großküche durch die verfetteten Lüftungsschlitze kriecht.

Diese Ausdünstungen des Ungetüms breiten sich in dichten Nebelschwaden über ein Areal aus, welches größer ist als zwei Fußball-Felder.

Und mittendrin im Sauerstoff verzehrenden Nebel, der Schattenmann, der verzweifelt versucht, einen Lichtstrahl zu erhaschen.

Strategie 22:

Der Körper des Mannes gewöhnt sich mit der Zeit an die Dunkelheit.

Man(n) muss nur in Kauf nehmen, dass die Haut nach ein paar Jahren aschfahl wird und aufgrund des Vitamin-D-Mangels die Zähne ausfallen.

Wenn man(n) älter als 50 werden will, empfiehlt es sich, sich ein Solarium zu kaufen.

Bulettengesicht mit Kaviargeschmack

Die (Haus)Frau beobachtet gerne. Insbesondere gut aussehende Männer geraten hier gerne mal ins Visier. Da sie es aber nie schafft, diese Männer mit ihren Blicken auszuziehen, geht die gierige (Haus)Frau eben dort hin, wo sich die Kerle von selber ausziehen.

It's Showtime: Ladies Night im Stripper-Lokal.
Was gibt es dort nicht alles zu sehen!

Weniger interessant ist das Treiben auf der Bühne, wenn sich knackige Männer nach und nach entblättern. Viel interessanter ist das Treiben im Publikum.

Dort findet man(n) sie wieder, die viel zitierte Spezies, die sich ausgelassen, kreischend und hemmungslos ihren Ur-Instinkten hingibt. Insbesondere unter ihresgleichen entwickeln sie eine Vitalität, die man(n) sich gerne mal bei ihr beim Kochen wünschen würde.

Die Augen quellen aus den Höhlen. Die an einer Hand abzählbaren Gehirnzellen wandern in untere Regionen und verursachen eine Hysterie, die sich in einem Geräusch-Feuerwerk entlädt, welches seinesgleichen sucht.

Wenn man(n) genau hinhört, hört man(n) immer zwei Grundgeräusche heraus:

Erstens: Furze, die mit voller Wucht durch ausgeleierte Rosetten gepresst und mit einem peitschenartigen Knall, vorzugsweise nass, ans Tageslicht katapultiert werden.

Zweitens: Schreie, die schrill und ohrenbetäubend jede Schallmauer durchbrechen. Produziert von Stimmbändern, die so dick sind wie Schiffstaue und leider nie reißen können.

Es riecht übelst nach Urin, Alkohol, Menstruation, gewechselten Windeln und wiedergekäutem Mittagessen.

Aufgestoßene Luft kondensiert und regnet langsam in einer Tröpfchenwolke von der Decke.

Schweißnasse Haare kleben in verzerrten Gesichtszügen.

Körpersäfte strömen an aufgequollenem Fleisch herunter und sammeln sich in Fettfalten.

Strategie 23:
Männer, bauen Sie mehr Stripper-Tempel, damit die von Mutter Natur vernachlässigten (Haus)Frauen mit ihren Bulettengesichtern und dem Kaviargeschmack genau dorthin strömen und möglichst lange von Zuhause wegbleiben.

Manager

(Haus)Frauen sind von Natur aus selbstbewusst und erfolgreich. Es fehlt Ihnen an nichts. Sie haben einen Status, wovon die meisten Männer in ihrem Berufsleben nur träumen.

Sie haben alle den Titel „Manager". Da spielt es keine Rolle, dass sie sich diesen Titel ohne jeglichen Leistungsnachweis bereits nach dem ersten Tag ihres (Haus)Frauen-Daseins selbst vergeben, weil sie glauben, eine Familie managen zu können.

Dieser Titel steht meist in großen Lettern auf ihrer Stirn geschrieben und wird mit stolz geschwellter Brust zur Schau getragen.

Was macht denn nun so ein „Manager" den ganzen Tag?

Sie koordinieren, organisieren und lamentieren. In einer Führungsposition müssen sie einfach den Überblick behalten in einer Welt, wo viele Gefahren lauern und es vor Herausforderungen nur so wimmelt.

Die (Haus)Frau stolziert durchs süße Leben und marschiert immer vorneweg als allein herrschende Leitfigur. Ihr Gefolge - meistens eine Horde voll sabbernder Schreihälse.

Als Drill-Instructor kommuniziert, delegiert und statuiert sie. Ein Vorbild mit disziplinarischer Verantwortung.

Die Richtung wird nur von ihr vorgegeben und der Rest der Sippe kann nur eins: ihr stumpfsinnig und bedingungslos folgen.

<u>Strategie 24:</u>
Da stellen sich zwangsläufig folgende Fragen an alle Männer, die so etwas zulassen:
Hatten Sie eine schwere Kindheit? Wurden Sie in der Schule gehänselt? Hat man(n) bei Ihnen bei der letzten OP einen Tupfer im Gehirn vergessen?

Da Sie sowieso nur auf ein verpfuschtes Leben zurückblicken können, sollten Sie so schnell wie möglich arbeitslos werden und Hartz IV kassieren. Mit 100%iger Garantie wird die Frau Sie verlassen und die Kinder gleich mitnehmen.

Sie wird schnell einen anderen Dummen finden, dem Sie ihre Aufzucht unterjubeln kann. Wenn der Manager und ihre Brut endlich weg sind, besorgen Sie sich sofort wieder einen neuen Job (aber nicht zu gut bezahlt - wegen der Alimente) und fangen endlich an, das Leben wieder in vollen Zügen zu genießen.

Lichtstrahl

Man(n) schlendert am Wochenende einfach mal so in der Innenstadt dahin. Die Einkaufspassage ist gefüllt mit Menschen. Die (Haus)Frau an seiner Seite (die ihn fest umklammert) ist auch mit dabei, denn dieser Ausflug in die Welt des Shoppens war ja auch schließlich ihre Idee.

«Was soll's», denkt er sich. Er lässt das Treiben einfach so über sich ergehen mit dem Ziel, dass ihm mit etwas Glück mal ein wunderschön geformtes Stück Treibholz entgegen schwimmt, welches von ebenmäßiger und perfekter Beschaffenheit ist.

Doch mit der Zeit schwimmt ihm da nur eins entgegen: Sein Gemütszustand: Von „Schlecht", nach „Schlechter" nach „Ganz Mies". Die lästige Klette, die sich wie angekettet an ihn schmiegt, schwafelt vor sich hin, telefoniert, diskutiert und dirigiert.

Doch dann geschieht es. Der liebe Gott schickt einen Lichtstrahl auf die Erde und schlägt 5 Meter neben ihm ein, wie ein Komet.

Eine richtige Frau (die schon mal ein Büro von innen gesehen hat) kommt ihm entgegen. Ihre lange blonde Mähne weht im Wind. Mit einer Sonnenbrille im Haar, schwebt ein schlankes

Wesen lässig und mit unendlich langen Beinen, verrucht lächelnd, direkt auf ihn zu.

Das sind genau die Momente, wo man(n) plötzlich wieder weiß, wofür es sich lohnt, zu leben.

Alles um ihn herum verschwindet im Nebel. Alle sieben Sinne haben nur noch ein Ziel: Genieße diesen Moment und stelle Dir vor, Du wärst mit dieser Elfe allein auf einer Insel. Palmen, Strand, Sonnenuntergang und Liebe. Ihre sinnlichen Lippen funkeln im Sonnenschein. Beide blicken verliebt aufs Meer und…

…da kommt er, wie aus dem Nichts aus dem kristallklaren Wasser geschossen! Groß, fett, schwabbelig und gefräßig!

Ein WAL springt mit lautem Getöse aus dem Meer, schnappt sich den blonden Traum, zermalmt ihn genüsslich mit riesigen vermoderten Zähnen und verschwindet wieder mit einem gigantischen Bauchklatscher im aufgewühlten Nass.

Die (Haus)Frau an seiner Seite ist plötzlich in seinen Traum eingedrungen! Doch wie konnte das nur passieren?

Der Mann hat einen großen Fehler begangen. Er hat während des Traumes seine (Haus)Frau völlig abwesend und mit geschlossenen Augen angelächelt, was zur Folge hatte, dass sie

ihm mit voller Wucht ihren Regenschirm in die Weichteile ge-
rammt hat.

Strategie 25:

Wenn man(n) eine (Haus)Frau gezwungenermaßen an seiner
Seite mitschleppen muss, heißt das noch lange nicht, dass
man(n) auch seine Träume zwangläufig begraben kann.

Manipulieren Sie einfach ihre Handtasche, bevor es losgeht.

Schneiden Sie ein Loch ins Futter und lassen ihr Handy dort
vorsichtig hineingleiten. Außerdem verkleben Sie ihre Puderdo-
se und öffnen ihre Handcreme, so dass sich der Inhalt in Ruhe
auf alle nutzlosen Gegenstände verteilen kann.

Hierbei gewinnt man(n) vor allem eins: Zeit!

Sobald das nutzlose Geschöpf in ihrer Handtasche wühlt und
das Chaos festgestellt hat, wird sie mindestens für ein bis zwei
Stunden in der nächsten Damentoilette verschwinden.

Zeit genug, um sich auf die nächste Bank zu setzen und zu warten, bis der liebe Gott wieder einen Lichtstahl auf die Erde
schickt.

(Alp)Traum

Es ist wieder einmal an der Zeit, ins Bett zu gehen und damit Zeit, für ein tägliches Spektakel der besonderen Art: Die Bad-Blockade.

Die Besetzerin fängt behutsam damit an, mit Unmengen von Wasser das herunterzuspülen, wofür sie morgens mindestens eine Stunde benötigt hat.

Eine Stunde, die investiert wurde, um die vielen Risse der sanierungsbedürftigen Fassade mit viel Liebe zum Detail auszuspachteln und anschließend zu glätten.

Der Grund für die jährlich steigenden Rechnungen der Wasserwerke findet man(n) also in dem enormen Wasserverbrauch der (Haus)Frau den sie abends durch das schichtweise Abtragen des Kopf-Putzes verursacht.

Das Gute an diesem zeitraubendem Prozedere ist, dass man(n) schon mal ins Bett gehen kann, ohne sich vorher ein langes Geschwätz über Kinder, Frauenärzte, Nachbarn und die neuesten Shopping-Abenteuer anhören zu müssen.

Das Schlechte daran ist, dass der Druck auf die Blase von Minute zu Minute wächst.

Ein dezenter, flehender Hinweis, die einzige Toilette im Haus einmal kurz benutzen zu müssen, stößt bei ihr auf taube Ohren.

Die Abwrack-Aktivitäten brauchen halt ihre Zeit und dulden keine Unterbrechungen.

In seiner Not geht er also (wie jeden Abend) in die Küche, holt den Messbecher aus dem Schrank, öffnet seine Hose, hängt seinen Piepmatz hinein und strullert so lange, bis die gelbe warme Flüssigkeit die 500ml Markierung erreicht hat.

Erleichtert verschließt er sein gutes Stück wieder und gießt das gelbe Nass in hohem Bogen in die Spüle. Der Messbecher wird anschließend mit dem Geschirrhandtuch oberflächlich getrocknet und danach im Küchenschrank platziert, wo er wieder auf seinen nächsten Einsatz wartet.

Nach getaner Arbeit legt man(n) sich nun völlig entspannt ins Bett, während im Hintergrund noch das Wasser aus dem Bad unaufhörlich rauscht.

Man(n) zieht sich nun die Bettdecke weiter über den Kopf und reduziert die Lichtquellen im Schlafzimmer auf ein Minimum.

Das ermöglicht ihm, dass er noch für ca. 30 Minuten dösen kann. Denn nach dieser Zeit hat sich der Fleischkloß in der Regel abgetakelt, marschiert mit lautem Getöse ins Schlafzimmer und schaltet alle vorhandenen Lichtquellen wieder an.

In der Rechten umklammert sie eine Taschenlampe, hebt die Augenlider des Mannes an und strahlt mit einer 200 Watt-Birne direkt in seine Pupillen, gefolgt von der Frage: «Schläfst Du schon?»

Diese abendlichen Attacken hinterlassen bei ihm keine Spuren mehr, da seine Netzhäute sowieso nicht mehr vorhanden sind, und das Schmerzzentrum nur noch eine schwammiger abgestorbener Zellmasse ist.

Man(n) sehnt sich jetzt nur noch nach Schlaf, der einen in die gewohnte dunkle Welt des (Alp)Traumes hinab gleiten lässt. Ein Traum, in dem er gefesselt in einem dunklen Verließ auf bestialische Weise gefoltert wird. Eine Welt, in der er wenigstens eine eingeschränkte Freiheit genießen kann.

Doch in diese Welt kann er erst dann entlassen werden, wenn das Wesen neben ihm eine Mode-, Wohn- und Klatschzeitschrift überflogen hat. Bei diesem Ritual wird jede Seite nach maximal 15 Sekunden (je nachdem, wie viele Bilder auf der Seite sind) mit einem peitschartigen Knall umgeblättert.

Nur so kann sie sicherstellen, dass er nicht vor ihr einschlafen kann.

Nach ca. einer Stunde kommt dann die Zeit, wo sie sich entscheidet, die Nachtruhe einzuläuten. Dies passiert dann nicht mit einer Glocke, sondern mit ihren Stimmbändern: «Gute Nacht mein Schatz, schlaf gut!», grollt und donnert es dann aus ihrem Schlund.

Dann ist es endlich soweit. Sein Traum kann kommen. Genüsslich legt er sich sein Kissen zurecht und versinkt kurz danach in die Welt, die er sich so herbeigesehnt hat.

In dieser Welt, liegt er also nun geknebelt und gefesselt in dem Verließ, in dem vermummte Henker des Bösen ihn langsam aufschlitzen, seine Eingeweide herausholen, und diese dann an die kläffende Hunde-Bestie namens BELLA verfüttern.

Erst, wenn die Henker bei seinem Herz angelangt sind und der Schmerz einfach unerträglich wird, muss er wieder aufwachen...

Und dann folgt, was folgen muss: Schweißgebadet reibt er sich die Augen, kommt langsam wieder zu sich und sieht neben sich etwas noch viel Schrecklicheres:

Ein undefinierbares Etwas mit weit geöffnetem Mund, aus dessen Winkeln übelriechender Speichel - gemischt mit halb verdautem Essensresten - in dünnen Fäden das Kinn herunter läuft. Das Ganze begleitet von einem Schnarchgeräusch, welches sich anhört, wie eine Mischung aus einem nassen Kuh-Furz und dem Rülpsen eines Ochsenfrosches.

Gegen das, was er gerade gesehen hat, ist sein (Alp)Traum ein Heimatfilm. Nachdem die ersten Schüttelkrämpfe überstanden sind, versucht er nun wieder krampfhaft, in seine heile Welt zurückzukommen, doch ohne Erfolg. Die Realität ist gnadenlos...

Wie all die Nächte nach seiner Heirat, verläuft auch diese nach dem gleichen Schema; Ein kurzer Traum in einer heilen Welt, gefolgt von einem Wachkoma.

Strategie 26:
Klappen Sie die Bettdecke der Nachtgefährtin hoch, versuchen Sie die Füße zu finden und kratzen Sie dann zwei oder auch drei Schichten Hornhaut von ihren Fußsohlen.

Dieser Zellstoff wird dann ca. 5 Minuten über der brennenden Kerze erhitzt und zu einer gallertartigen Masse geknetet.

Diese Masse wird dann anschließend in die Ohrlöcher einmassiert, mit dem einzigartigen Ergebnis, dass sich wenigstens die Schnarch-Schallwellen nicht mehr an Ihre Ohren trauen.

Abkürzungsverzeichnis

Es gibt viele Abkürzungen, deren Sinn sich nicht jedem sofort erschließt.

Aus diesem Grund hat sich der Autor dieses Buches die Mühe gemacht, hunderte (Haus)Frauen zu befragen, mit der Bitte, einige Abkürzungen zu entschlüsseln.

Hier nun das Resultat:

PS: **P**inkeln im **S**itzen

SAP: **S**chlafen, **A**usruhen, **P**ause

BMW: **B**ella **M**uss zur **W**urmkur

MfG: **M**ann mit **f**iel **G**eld

ARD: **AR**mreif mit **D**iamant

ZDF: **Z**weimal die Woche **D**amenbart **F**risieren

CDU: **C**hillen mit **D**onats und **OU**zo

SPD: **S**innloses **P**alavern mit **D**enkpause

FDP: **F**aulenzen, **D**ummschwätzen, **P**oppen

NRW: **N**iemals **R**ichtig **W**ach

usw: **u**nd schon **w**ieder Feierabend

BGB: **B**rechreiz **G**egen **B**ügeln

USA: **U**nsereins **S**oll **A**usschlafen

Kfz: **K**aufhaus hat viel zu **f**rüh **z**u

DDR: **D**amenbinde mit **D**oppeltem **R**iechschutz

WWW: **W**iderwillig **W**indeln **W**echseln

EKG: **E**ine Gehirnzelle ist besser, als **K**eine **G**ehirnzelle

PKW: **P**impern **K**ann **W**arten

TÜV: **T**uppa-Party ist wieder **Ü**ber**V**ällig

UNI: **U**nsereins wird **N**iemals **I**ntelligent

Epilog

Wie kommt es eigentlich, dass (Haus)Frauen so sind, wie oben beschrieben?

Sind sie ein Produkt der Gesellschaft? Ist es genetisch bedingt oder sind sie einfach nur selbst schuld?

Der letzte Erklärungsversuch scheint mir am plausibelsten.

Die (Haus)Frau hat überhaupt keinen Grund, sich in tiefe Gewässer zu begeben. Sie ist stolz darauf, ihr „Seepferdchen" gemacht zu haben und sich im knietiefen Wasser aufzuhalten, wo sie nicht unter gehen kann.

Immer im Nichtschwimmerbecken, umgeben von kleinen Wasserratten, die alle halbe Stunde ca. 60 ml Urin ins chlorgetränkte Nass entlassen.

Hier fühlt sie sich wohl.

Keine kritischen Fragen über ihre Herkunft, ihre Ausbildung und ihre Qualifikation. Immer um sie herum kleine Geschöpfe, deren Gehirne noch nicht voll ausgebildet sind.

Sie genießt das Gefühl, gebraucht zu werden. Das ist ihre Erfüllung, ihre Befriedigung und ihre Zweckbestimmung.

(Haus)Frauen bevorzugen eine Rudelbildung. Unter ihresgleichen zu sein und ungefragt Ratschläge über die Erziehung anderer Kinder abzugeben, ist ihre Intention.

Man(n) kann nicht behaupten, dass (Haus)Frauen keine Ziele hätten. Weit gefehlt: Ein Ziel hat sie: Ein ruhiges Leben zu leben und mit der Kreditkarte des im Netz zappelnden möglichst großen Fisches Geld für unnütze Dinge auszugeben.

(Haus)Frauen sind anders, als richtige Frauen. Sie haben es nicht nötig, sich richtig zu waschen und sich adrett anzuziehen. Die Zweckmäßigkeit heiligt hier die Mittel.

Kinder haben zum Glück noch nicht so einen ausgeprägten Geruchssinn. Und der Man(n) an ihrer Seite muss sich daran gewöhnen, dass sie ab dem ersten Tag nach der Heirat riecht, wie ein nasser Hund mit Blähungen.

Wenn sich im Sommer eine trübe Dunstglocke über den Spielplätzen bildet, liegt das niemals am Smog, sondern immer nur an den Ausdünstungen der (Haus)Frauen, die sich vor den

Sandkästen zusammenrotten und über Kinderkrankheiten palavern.

(Haus)Frauen sind nicht vom lieben Gott gesegnet. Sie sind auserkoren worden, um die guten Gene der Männer zu empfangen und diese in die große weite Welt auszutragen - mit dem Nachteil, dass sich leider auch einige von ihren Genen mit dazu mischen.

Die (Haus)Frau lebt in einer bizarren Welt, die sie sich selbst aufgebaut hat. Klein und überschaubar, mit einem Horizont, der nur einen Steinwurf von ihr entfernt ist - und, wie man(n) weiß, können (Haus)Frauen nicht wirklich weit werfen...

In dieser Welt lebt es sich völlig ungeniert, unbeschwert und frei von irgendwelchen Verpflichtungen, Erfolgsdruck und Existenzängsten. In diesem Schlaraffenland wachsen Geldbäume, gepflanzt und stetig gewässert vom Ernährer.

Und wehe dem Mann, wenn diese Bäume mal nicht in voller Blüte stehen...

Heutzutage sind (Haus)Frauen mit allen erdenklichen Hilfsmitteln ausgestattet. Sie haben eine Waschmaschine, eine Geschirrspülmaschine, einen Herd, einen Kühl- und Gefrierschrank, eine Heizung, eine Mikrowelle, ein Dampfbügeleisen, ein Handy, ein Auto und einen Vibrator.

Dies sind phantastische Hilfsmittel im Alltag. Einfach geniale Errungenschaften der Forschung und Entwicklung.

Und trotzdem schafft es die Nervensäge immer wieder, über den täglichen Arbeitsanfall zu jammern.

Geht man(n) ein paar Jahrzehnte zurück, so hatte eine (Haus)Frau all diese elektronischen Hilfen nicht. Es gab Waschkübel, Waschbretter und Stoffwindeln. Das Geschirr wurde von Hand gewaschen und abgetrocknet.

Der Ofen und der Herd wurden mit Kohle betrieben, die sie erst einmal aus dem Keller in die Wohnung schleppen musste. Gefrierschrank, ein elektrisches Bügeleisen oder eine Heizung, die sie auf Knopfdruck betätigt, waren reine Utopie.

Dieser kleine Exkurs in die nicht weite Vergangenheit zeigt, warum die Frauen, die in der damaligen Zeit gelebt haben, die Bezeichnung (Haus)Frau auch wirklich verdient haben.

Ja, damals handelte es sich tatsächlich noch um einen Beruf.

Und wenn die (Haus)Frau dann auch noch alleinerziehend war, drei Kinder hatte und abends - wenn die Kinder im Bett waren - einem Nebenjob nachging, um die Familie über Wasser halten zu können, kann man(n) hier wirklich nur eins ziehen: Seinen Hut!

Wie lächerlich und armselig erscheint einem da doch das Wirken der heutigen (Haus)Frau. So ein Geschöpf eignet sich allenfalls, um ausgestopft in einem Kuriositätenkabinett den männlichen Besuchern einen Schauer über den Rücken laufen zu lassen.

Männer, denkt an die Zukunft unserer Kinder!

Lest dieses Buch immer und immer wieder!

Verinnerlicht die Überlebens-Strategien und empfehlt diesen Ratgeber unbedingt weiter!

ACHTUNG! (Haus)Frau

Der ultimative Ratgeber für Männer